LA GRANDE IMAGERIE

LE SKI

Conception
Jack DELAROCHE

Texte
Christine SAGNIER

FLEURUS

FLEURUS ÉDITIONS, 15-27, rue Moussorgski, 75018 PARIS
www.fleuruseditions.com

L'HISTOIRE DU SKI

Avant d'être un sport, le ski était un mode de déplacement utilisé dans des régions enneigées. Son usage remonte aux temps préhistoriques. Ce « moyen de transport » en terrain plat sera employé pour la chasse, la guerre ou l'exploration. C'est à partir du XIXe siècle que cette pratique de la glisse se transforme progressivement en activité de loisir et de compétition. Véritable phénomène de société, les sports d'hiver vont bientôt transformer le visage de la montagne.

Skis en bois

La naissance du ski alpin

Avec des planches de plus de 2 mètres et un unique bâton, les skieurs du début du XIXe siècle n'évoluent qu'en terrain plat : skier sur les pentes s'avère trop dangereux. Une première innovation consiste à modifier la forme des planches de façon à virer plus facilement, tout en maintenant les pieds aux skis par des liens en osier. Une seconde va vraiment autoriser la pratique sur les reliefs abrupts des Alpes : les skis, raccourcis, sont équipés d'une fixation métallique avec une talonnière empêchant le pied de glisser dans les virages.

Voici peut-être la plus ancienne représentation de skis : une peinture rupestre découverte en Norvège et datant d'environ 4000 ans av. J.-C.

Premières traces

Ce sont des hommes préhistoriques des régions de Sibérie et de Scandinavie qui, les premiers, ont eu l'idée de s'équiper de planches de bois pour faciliter leurs déplacements sur la neige. Cet usage se répand dans tout le nord de l'Europe. Au XVIe siècle, les armées de Finlande et de Norvège ont déjà des soldats-skieurs. En France, il faut attendre la fin du XIXe siècle pour que les chasseurs alpins (à droite) soient équipés de skis. La première école de ski française est créée en 1903 à Briançon par le ministère de la Guerre.

Dix-Septième année. — N° 841.
Huit pages : CINQ centimes
Dimanche 19 Mars 1905.
Le Petit Parisien
SUPPLÉMENT LITTÉRAIRE ILLUSTRÉ
DIRECTION: 18, rue d'Enghien (10e), PARIS

Longtemps, on ne se sert que d'un bâton. L'utilisation d'un second ne se fera que progressivement au début du XXe siècle.

Vers un ski ludique et sportif

Le récit de la traversée à skis du Groenland par le Norvégien Fridtjof Nansen (à gauche), en 1888, déclenche un véritable engouement pour la pratique. Cependant, il faut attendre 1907 et le premier concours de ski international (ski de fond et saut à ski), organisé à Montgenèvre, en France, pour que le ski devienne ludique. À l'époque, les plus aisés se retrouvent déjà dans les stations thermales comme Saint-Moritz, en Suisse, où ils pratiquent la luge, le patinage, le curling... Cependant, les infrastructures sont encore insuffisantes pour accueillir un flot de touristes : nombre d'hôtels ne sont pas équipés de système de chauffage pour ouvrir en hiver ; quant aux skieurs qui veulent s'essayer à la descente, ils doivent monter à pied en haut des pentes ou, mieux, être tractés par un cheval ! L'idée des remontées mécaniques revient aux militaires, qui utilisent des câbles pour ravitailler le front des Alpes pendant la Première Guerre mondiale. Un téléphérique pour piétons voit le jour à Chamonix en 1924, à l'occasion des premiers jeux Olympiques d'hiver.

Le ski vers 1900 dans les premières stations telles que Chamonix. Sur les skis, les femmes adopteront le pantalon dans les années 1920.

Le premier concours international de ski, en 1907

Chaussure et fixation, 1929

L'équipement

Au tout début, les skieurs sont essentiellement des montagnards : paysans, facteurs, médecins... Leur tenue est celle de tous les jours : ils portent des chaussures de montagne attachées aux planches par des fixations. Les premières chaussures de ski apparaissent dans les années 1920. S'agissant de la tenue des femmes, ce n'est que vers 1930 que le port du pantalon est totalement admis. Quant aux skis, jusque dans les années 1950, ils sont de fabrication artisanale. Ce sont des planches de frêne que l'on ramollit pour leur donner la forme de spatules.

En 1937, le Français Émile Allais révolutionne la technique du ski en imposant le virage skis parallèles.

LE SKI ALPIN

Le ski alpin regroupe cinq disciplines : descente, super-G, slalom géant, slalom et super-combiné, qui riment avec puissance, vitesse, agilité, précision et détermination, car la victoire s'y joue parfois à un centième de seconde. C'est le skieur, lorsqu'il s'élance, qui déclenche le chronomètre en poussant une baguette avec ses tibias. S'ensuivent 45 secondes à 2 minutes d'une extrême intensité : les cuisses brûlent, les skis flottent sur la piste, les virages se négocient à parfois plus de 120 km/h, le skieur vole sur les bosses ou danse entre les piquets…

Le super-combiné associe une manche de descente à une manche de slalom.

La descente, l'épreuve reine

Discipline de vitesse, elle s'effectue en deux minutes environ à une allure qui peut dépasser les 160 km/h. L'épreuve se joue en une manche sur un parcours très pentu (jusqu'à 45°), jalonné de portes très espacées entre lesquelles le skieur doit se glisser pour ne pas être disqualifié. Les grandes courbes alternent avec les virages inclinés et les bosses sur lesquelles l'athlète s'envole, le corps groupé. En ligne droite, il se met en position dite «de l'œuf » pour acquérir la meilleure pénétration dans l'air.

Le super-G

Cette discipline de vitesse exige une grande technique, car elle se joue sur un parcours plus court que la descente, mais toujours très pentu, surtout à la réception des sauts, pour permettre au skieur de garder l'équilibre à l'atterrissage. Il comporte davantage de portes et de courbes à négocier en finesse, à plus de 120 km/h.

C'est le Français Johan Clarey qui détient le record de vitesse sur l'épreuve de descente : 161,9 km/h.

Le slalom géant

La piste du slalom géant est encore plus courte mais la pente est moins accentuée (35°) que celle du super-G, car il n'y a plus de sauts. On y compte davantage de portes (44 à 60) et autant de changements de direction qui demandent au skieur beaucoup de puissance musculaire. L'athlète a deux manches de 1 minute à 1,15 minute pour se donner à 100 %, glissant à une vitesse qui peut frôler les 80 km/h.

Le slalom

C'est la plus courte et la plus nerveuse des épreuves. Le parcours comporte 70 portes au maximum et autant de changements de direction à 50 km/h parfois. Seconde après seconde, le skieur, genoux fléchis, danse entre les piquets, qu'il heurte avec ses poings et ses tibias bien protégés. L'épreuve se joue en deux manches de 45 secondes.

L'échauffement, l'étape cruciale

Le champion se lève à 5h30 du matin pour prendre un copieux petit déjeuner qu'il doit avoir digéré avant le début de la course. 7h30 : skis aux pieds, il chauffe ses muscles en effectuant par exemple des slaloms d'une quinzaine de portes. Certains s'échauffent sur des vélos d'appartement installés à proximité de l'aire de départ.

Concentration avant le départ

La reconnaissance

Tel un pilote de rallye, le skieur reconnaît la piste avant une manche. En descendant au ralenti, il évalue la distance de vol sur les bosses, la vitesse et mémorise les ondulations du terrain. Il identifie les pièges, comme une porte cachée par une rupture de pente. Selon les disciplines, les skieurs effectuent de une à trois reconnaissances par manche.

La visualisation, le film de la course

Comme un patineur qui doit retenir tous les mouvements de sa chorégraphie, le skieur, dans l'aire de départ, reproduit la course dans sa tête. Concentré à l'extrême, il se voit en train d'enchaîner le parcours en temps réel.

Le slalom, l'épreuve la plus nerveuse

SKI DE FOND ET BIATHLON

Aller au bout de soi-même sur un parcours qui peut compter jusqu'à 50 km, voire 90, monter et puis descendre, batailler dur contre les autres concurrents et contre la neige quand elle est trop molle, lutter jusque dans les virages, filer à 30 km/h pour les meilleurs et s'écrouler sur la ligne d'arrivée, épuisés : tel est le lot des champions de ski de fond, l'un des sports les plus difficiles. En ajoutant la concentration du tir à l'effort physique de la course, on obtient un champion de biathlon !

Classique ou skating ?

Deux styles coexistent. En style classique, le mouvement s'apparente à celui de la marche, le déplacement, skis parallèles, étant facilité par les traces creusées à cet effet. Le skating, ou patinage, se pratique sur une piste parfaitement lisse, les skieurs se propulsant en poussant de côté sur leurs skis. Cette technique très physique, apparue dans les années 1980, est aujourd'hui la plus pratiquée.

Les épreuves

Les épreuves se courent soit en style classique, soit en skating, sur des distances allant d'environ 1 km pour la course de vitesse (le sprint) jusqu'à 50 km en course d'endurance, voire 90 km. Les départs sont échelonnés ou groupés, la formation des skieurs sur la ligne de départ pouvant dessiner une flèche, les meilleurs se trouvant à la pointe. En skiathlon, les deux techniques alternent : à mi-course, les athlètes font un arrêt aux box pour changer de skis. Même chose en relais, où s'opposent des équipes de quatre skieurs, chacun parcourant de 5 à 10 km, les équipiers se passant le relais en se touchant. Les deux premiers relayeurs courent en style classique, les deux suivants en skating.

Les skis mesurent 4,4 cm de large, pour une longueur moyenne de 1,80 à 2,10 m en classique et de 1,70 à 2 m en skating. La chaussure est fixée au ski uniquement à l'avant afin de laisser le talon libre. Elle est plus rigide et plus haute en skating, car elle soutient davantage la cheville. En style classique, les bâtons arrivent aux aisselles de l'athlète ; en skating, ils remontent jusqu'au menton.

En style classique comme en skating, le fondeur doit être capable de finir en sprint après avoir déjà parcouru plusieurs dizaines de kilomètres !

Le biathlon : ski et tir à la carabine

Les épreuves, disputées en skating, sont alors ponctuées de deux ou quatre sections de tir. Les distances varient selon les épreuves : de 20 km pour l'individuel homme à 4 fois 6 km pour le relais femme. Le tir s'effectue à 50 m de la cible, d'abord couché, les coudes en appui sur le sol, la carabine stabilisée, puis debout. À chaque stand de tir, le biathlète doit abattre une série de cinq cibles. Les meilleurs effectuent leurs tirs en moins de 30 secondes ! Chaque cible manquée entraîne une pénalité : soit parcourir à skis un anneau de 150 m, soit une minute est ajoutée au temps final.

La carabine pèse au minimum 3,5 kg sans le chargeur. Les cibles, situées à 50 m, ont un diamètre de 4,5 cm pour le tir couché et de 11,5 cm pour le tir debout.

Le skating

Au mouvement des jambes s'ajoute celui des bras : buste en avant, l'athlète plante ses bâtons et pousse pour gagner en vitesse.

Indispensable fartage

Le fart est une sorte de cire plus ou moins molle dont on enduit la semelle des skis. Il en existe de deux sortes, l'une pour faire glisser, l'autre pour accrocher. En ski de fond, les deux sont employés, contrairement au ski alpin où seul le fart de glisse est appliqué.

SAUT À SKI ET COMBINÉ NORDIQUE

Filer sur un tremplin pentu à près de 100 km/h pour s'envoler à 10 m de haut et glisser dans les airs sur plus de 120 m, avant d'atterrir en douceur, tel est l'exploit des athlètes volants, qui parfois combinent le saut à une épreuve de ski de fond dans une discipline appelée combiné nordique. Le saut à ski est un sport très technique où les juges ne notent pas seulement la longueur du saut, mais aussi le style en vol et la qualité de la réception. Le saut le plus long a été réalisé par le Norvégien Remen Evensen avec 246,5 m. On parle alors de vol à ski.

Le saut en cinq temps

L'élan : genoux pliés, dos arrondi, bras en arrière, le sauteur assure la meilleure pénétration dans l'air pour glisser au plus vite sur la piste d'élan.

L'impulsion : arrivé à 100 km/h au bout de la piste, l'athlète écrase le tremplin en poussant sur ses jambes pour décoller. Cette phase, qui dure 2 dixièmes de seconde, débute 8 m avant le nez du tremplin et se poursuit 1 à 2 m en l'air.

L'enchaînement : c'est le passage du dur à l'air, où il faut trouver au plus vite sa position de vol en limitant la perte de vitesse et en augmentant la portance.

Le vol : couché en avant, bras le long du corps, skis à plat, le sauteur glisse dans l'air pendant 5 à 6 secondes.

Équipé pour voler

Le sauteur porte un casque et un masque. La chaussure en cuir est dotée à l'arrière d'une sorte d'aileron, un spoiler, qui monte sur le mollet et s'incline vers l'avant. Sa partie avant est fixée au ski, l'arrière est relié par une tige métallique qui permet de soulever le talon. Les skis sont très longs et larges pour prendre appui sur l'air. La combinaison en mousse et Lycra est conçue pour voler au mieux. En effet, plus elle est ample, plus elle permet de flotter. Cependant, elle ne doit pas être trop lâche, sous peine de disqualification. Elle est donc taillée sur mesure de façon à respecter les règles très strictes tout en optimisant la portance.

La réception se fait en position du télémark, une jambe devant l'autre, genoux repliés (ci-contre).

Pour la première fois aux J.O. de 2014 se tient l'épreuve individuelle féminine de saut à ski.

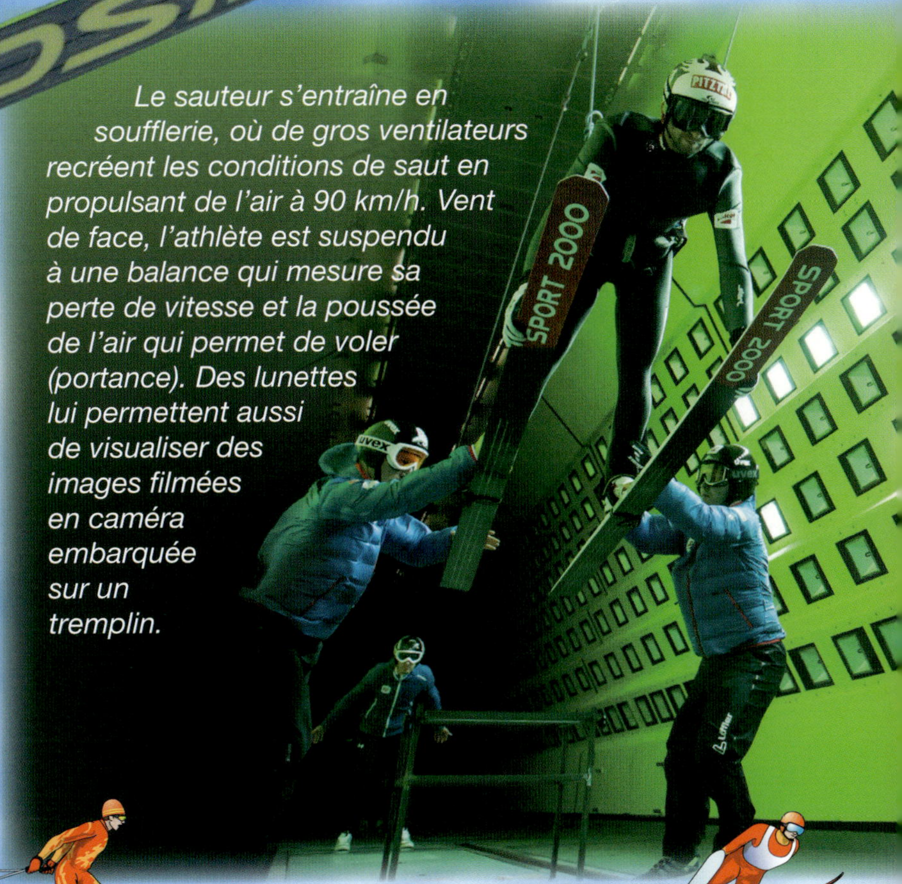

Le sauteur s'entraîne en soufflerie, où de gros ventilateurs recréent les conditions de saut en propulsant de l'air à 90 km/h. Vent de face, l'athlète est suspendu à une balance qui mesure sa perte de vitesse et la poussée de l'air qui permet de voler (portance). Des lunettes lui permettent aussi de visualiser des images filmées en caméra embarquée sur un tremplin.

Au sommet du tremplin se trouve la plate-forme d'élan. Le sauteur s'assied sur une barre réglée à bonne hauteur d'où il va prendre son départ sur la piste d'élan.

Le combiné nordique

Le combiné nordique allie deux disciplines opposées : le saut et le ski de fond. L'une requiert vitesse et concentration extrême, l'autre puissance et endurance. Les épreuves débutent toujours par le saut, qui s'effectue sur un tremplin de 90 m ou de 120 m selon les épreuves. Ensuite, l'athlète dispose de une à quatre heures pour récupérer, avant de poursuivre par la course de ski de fond en skating (voir page 10). Le résultat du saut détermine le classement des athlètes sur la ligne de départ. Le parcours à ski est de 10 km en individuel ou bien de 5 km pour chacun des quatre équipiers dans la course de relais.

SKI DE BOSSES ET SKICROSS

Vitesse, sauts, virages ! En skicross comme en ski de bosses, mieux vaut ne pas avoir froid aux yeux. En effet, les bosseurs ne mettent que 23 secondes pour dévaler la piste à raison de trois bosses et demie par seconde. Même régime pour les champions de skicross, qui n'ont besoin que d'une toute petite minute pour survoler la pente semée d'embûches à une vitesse qui peut avoisiner 100 km/h. Ces sportifs en quête d'excellence s'entraînent durant des mois pour n'être que quelques minutes par an sous les feux de la rampe !

Si une seule tête en bas est autorisée par figure, le nombre de vrilles, lui, n'est pas limité.

Le ski de bosses

Le skieur dévale en un clin d'œil un parcours d'environ 230 m, hérissé de bosses artificielles d'environ 1 m de haut et 2 m de large. À 35 m du départ, il exécute un premier saut acrobatique sur un des tremplins de son choix, à droite ou à gauche de la piste, selon la ligne déterminée au départ. À 50 m de l'arrivée, le voilà qui s'envole à nouveau dans les airs depuis un nouveau tremplin. Les épreuves se disputent en individuel ou sous forme de duel, en parallèle.

La danse des genoux

En ski de bosses, seul le bas du corps épouse le terrain, les genoux sont collés l'un à l'autre montant et descendant en chœur. Car ce sont les genoux qui absorbent les bosses et guident les changements de direction. Le haut du corps, lui, conserve une trajectoire rectiligne : la poitrine est droite, la tête ne bouge pas et le regard va droit devant. Les genouillères, qui sont d'une couleur différente de celle de la combinaison, sont là pour souligner l'action et permettre aux juges d'apprécier au mieux la technique du skieur.

Skicross : le parcours des combattants

Un parcours de skicross, c'est en moyenne 1 000 m truffés de bosses, de virages relevés et en dévers, de sauts hauts de 1 à 4 m, où alternent des parties plates et raides. Tout commence par une séance de qualification durant laquelle chaque skieur s'engage dans une course contre la montre. Les trente-deux meilleurs sont sélectionnés pour l'épreuve suivante. Désormais, ce sont des vagues de quatre ou six concurrents qui s'affrontent au coude-à-coude, les deux premiers arrivés étant qualifiés pour la manche suivante. Et ainsi de suite…

Pour mieux protéger les skieurs, des sortes d'airbags de corps sont à l'étude. Une protection ultralégère qui se gonflerait en quelques dizaines de millièmes de seconde aussitôt qu'un mouvement anormal du skieur serait détecté.

Malgré l'intensité de la course, pousser ou retenir l'adversaire est formellement interdit, sous peine de disqualification !

Triplé historique des Français aux J.O. 2014 qui emportent les 3 premières places.

Une minute pour gagner

Au déclenchement du run, c'est-à-dire de la course, les skieurs sont chacun dans un box pourvu de poignées. Au signal, les portes s'ouvrent et les skieurs tirent sur les poignées pour se propulser en avant et prendre la tête. Départ explosif, dépassement osé, virage à la corde : la course folle se poursuit jusque dans les airs, où il est capital de conserver une position aérodynamique.

En skicross, les sauts peuvent dépasser 60 m de long !

HALF-PIPE ET SLOPESTYLE

Monter le plus haut possible, exécuter les figures les plus impressionnantes avec le maximum de style, sans oublier d'atterrir en douceur, tel est le but du champion de half-pipe et de slopestyle. Leur show n'est pas sans rappeler celui des skateurs, la neige remplaçant le béton des skateparks. Une fois lancé, il n'y a plus que la technique qui compte. Et la concentration, beaucoup de concentration, car ce sont des disciplines où l'on peut se faire très mal.

En free-style, les skis sont plus légers, plus flexibles et plus courts qu'en ski alpin. Ils sont relevés à chaque extrémité pour skier en avant comme en arrière.

Le port du casque est évidemment obligatoire. Quant au masque et à la protection dorsale, ils sont vivement conseillés !

En half-pipe, cinq juges notent la prestation en fonction de la difficulté, de la diversité, de la hauteur et de l'esthétique des figures.

Le half-pipe

Le half-pipe est un demi-tube de 180 m de long, creusé dans la neige, dont les bords (coping) atteignent 6,70 m de haut. En ski comme en snowboard, l'objectif est de s'envoler à la verticale et le plus haut possible, soit environ 6 m au-dessus du coping, pour y effectuer des figures très techniques et se réceptionner avant de traverser le pipe pour réaliser de nouvelles manœuvres sur le bord opposé. Et ainsi de suite dans un va-et-vient qui conduit le champion à enchaîner 5 à 7 sauts jusqu'au bas du half-pipe. Après deux runs de qualification, les meilleurs s'affrontent en finale, le temps de deux nouveaux passages.

Tremplins, rails, tables... sont les supports sur lesquels le sportif enchaîne ses figures.

Le snowpark

Version enneigée du skatepark, le snowpark est un terrain en pente (13° à 20°) d'environ 500 m de long, aménagé d'obstacles naturels et artificiels. Parmi les éléments favoris, il y a les kickers, de gros tremplins en neige de formes variées servant à catapulter skieurs et snowboarders dans les airs. Il en existe de différents types. Les jibs sont les barres et rampes en métal sur lesquelles glisse le skieur.

Le slopestyle, tout en style

Chaussés de skis ou juchés sur un snowboard, les athlètes enchaînent les sauts spectaculaires sans jamais répéter la même figure, glissant sur des rails avec une incroyable fluidité, pour atterrir en avant ou en arrière, et skier jusqu'au prochain obstacle, le tout devant un panel de juges chargés de noter la fluidité de l'enchaînement, la difficulté des figures, leur exécution, leur variété. Le déroulement de la compétition est le même qu'en half-pipe : deux runs de qualification, deux runs en finale : et que le meilleur gagne !

Petit dico des figures

360 (un tour entier), **720** (2 tours), **900** (2 tours et demi), **1 080, 1 260...**

Ally-Oop : manœuvre avec des vrilles au cours de laquelle le skieur s'éloigne de la ligne de descente du half-pipe.

Cork : saut périlleux désaxé (cork 360, cork cork 720…). La tête ne passe pas trop en bas et les skis restent généralement devant (côté pente).

Cross : le champion forme un X avec ses skis.

D-spin : saut périlleux arrière accompagné d'une vrille complète avec rotation latérale et désaxée.

Fakie : atterrir à reculons.

Flair : saut périlleux arrière avec demi-vrille et rotation latérale.

Flat spin : saut au cours duquel le skieur effectue des rotations en gardant le corps à plat (horizontal).

Frontflip ou backflip : salto avant ou arrière.

Grab : une main saisit un des skis au cours du saut (Tail, Mute, Japan, Toxic…).

McTwist : saut périlleux avant et un tour et demi (540), 2 tours complets (720), 2 tours et demi (900), 3 tours (1080).

Rodéo : saut périlleux désaxé amorcé par l'avant.

Switch : s'élancer à reculons pour un saut.

LE SAUT ACROBATIQUE

Réaliser quatre sauts périlleux et même cinq vrilles à plus de 15 m de haut, tel est l'exploit des champions de saut acrobatique, discipline freestyle présente aux jeux Olympiques depuis 1994. Pour atteindre une telle maîtrise dans les airs, beaucoup ont pratiqué le trampoline, la gymnastique ou le plongeon. Mais avant de s'élancer sur la neige, ils s'entraînent pendant de longs mois sur une rampe à eau.

Cinq juges évaluent la prestation en compétition. Trois notent le décollage ainsi que la position dans les airs (sauts tendus, courbe parfaite...), les deux autres se concentrent sur la réception, qui doit être irréprochable.

La tête dans les nuages

En saut à ski, le skieur file sans bâtons sur le tremplin. Ainsi lancé, il peut dépasser 70 km/h pour s'envoler en une seconde jusqu'à 15 m de haut, soit l'équivalent d'un immeuble de cinq étages, et exécuter des sauts périlleux simples, doubles ou triples, auxquels il combine jusqu'à cinq vrilles ! Pendant les trois secondes qu'il passe en l'air, l'athlète, parfaitement entraîné, a la pleine maîtrise de son corps : après un premier tour très rapide, il visualise chacun de ses repères au sol, gère sa rotation, corps groupé ou allongé.

À chaque salto son jump

Les tremplins sont équipés de plusieurs jumps (sauts) fabriqués en neige dont la hauteur (jusqu'à 4,60 m) et la forme varient selon le nombre de figures à accomplir dans les airs : un tremplin pour le salto simple, un autre pour le double, un autre encore pour le triple salto. La zone de réception est particulièrement abrupte pour permettre au skieur d'atterrir en douceur et lui éviter de s'écraser sur du plat. La tribune des juges est située dans l'axe des sauts afin qu'ils puissent suivre l'ensemble de la prestation de l'athlète depuis la descente jusqu'à la réception.

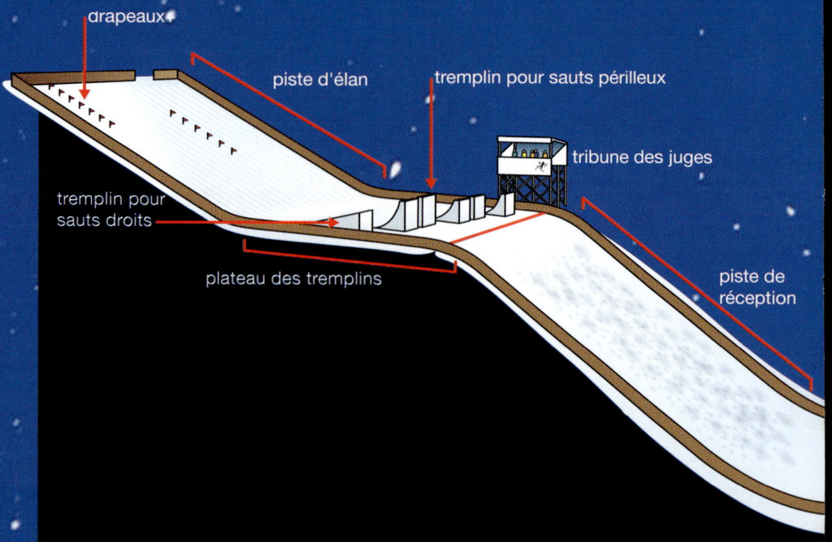

Pour plus de maniabilité en l'air, les skis en saut acrobatique sont courts (160 cm), droits et extrêmement légers.

Air, eau et neige

Ne pas se perdre en l'air lorsque l'on enchaîne les figures, tête en bas, tête en l'air, c'est un vrai défi, car si l'athlète ne sait plus où il est, il risque de se blesser lors de la réception. Pour régler ces problèmes et parfaire sa technique, le sportif s'essaie aux acrobaties sur un trampoline. Mais l'essentiel de l'entraînement a lieu en waterjump : un tremplin revêtu de plastique qui peut atteindre plus de 6 m de haut. La réception a lieu dans une piscine de 4 m de fond. De l'air sous pression est injecté à l'intérieur, de façon à former une sorte de coussin de bulles qui amortit l'impact de la chute sur l'eau.

Réception

FREERIDE ET VITESSE

Véritables skieurs de l'extrême, en quête des pics les plus impressionnants et des pistes les plus raides, les adeptes du freeride et ceux du ski de vitesse ne manquent pas de souffle pour s'élancer du haut de véritables murs. Si ces deux disciplines ont un esprit très différent, elles se rejoignent sur le terrain de l'exploit. Mais quand on aborde un univers à ce point vertigineux, il convient de posséder non seulement une technique ultraperfectionnée, mais aussi un mental d'acier et un équipement hautement sophistiqué.

Freeride, 100 % d'adrénaline

Le freeride, c'est le ski ou le snowboard en liberté sur une pente non balisée parfois très raide (jusqu'à 60°). Avec, pour pimenter l'exercice, une multitude d'embûches, barres rocheuses et couloirs. Sans oublier une neige changeante, qui passe de la poudreuse à la glace, obligeant le rider à adapter immédiatement sa vitesse et son style. Les spots les plus réputés se trouvent en Alaska ou en France, sur les glaciers de la Meije. Mais le plus mythique reste le bec des Rosses (Suisse), un lieu réservé aux 50 meilleurs riders du monde.

Un bon rider est un rider protégé

Dévaler une pente truffée de rochers tout en faisant des sauts de 5, 10 ou même 25 m de haut n'est pas sans danger. La sécurité est donc une obsession. En compétition, il est obligatoire de porter un appareil de recherche des victimes en avalanche (Arva), un sac à dos contenant une pelle et une sonde, un casque, une protection dorsale et, hors compétition, un sac avec airbag qui permet de rester en surface en cas d'ensevelissement.

La reconnaissance avant la compétition

La reconnaissance du terrain a lieu durant les quatre jours précédant la compétition, depuis le bas de la face, à l'aide de jumelles, d'un appareil photo et d'un ordinateur sur lequel décrypter les photos. Parmi les infinies trajectoires possibles, chacun s'applique à trouver celle qui sera la mieux adaptée à ses qualités : pour les uns, ce sera le passage de grosses barres et de bosses où effectuer les meilleurs sauts et figures, pour d'autres, la « ligne » la plus technique entre les rochers… Et pour ne pas se perdre en plein run, il faut mémoriser le paysage observé d'en bas et être capable de le reconnaître depuis le haut.

Le ski de vitesse : l'accélération d'une formule 1 !

Le ski de vitesse est, avec la chute libre, le sport non motorisé le plus rapide. L'objectif : skier le plus vite possible. Encore faut-il avoir le cran de se lancer en ligne droite du haut d'un mur de 45°. Au départ, l'appréhension est au rendez-vous, même pour les skieurs chevronnés, mais la concentration est extrême et tous les sens sont en éveil. Car après une année de préparation, il s'agit de plonger dans l'inconnu pour atteindre 200 km/h en seulement 5 à 6 secondes, soit une accélération identique à celle d'une formule 1 ! À pareille vitesse, les skis flottent sur un coussin d'air. Le skieur doit conserver sa trajectoire malgré la vitesse et rester skis à plat, concentré au maximum sur toutes les imperfections du terrain qui pourraient le déséquilibrer.

La descente ne dure qu'une poignée de secondes. Plus la piste est longue et plus la vitesse augmente.

En ski de vitesse, le matériel est unique et testé en soufflerie afin d'améliorer sans cesse son aérodynamisme. Les skis sont longs (2,40 m) et lourds (15 kg la paire maximum). Le casque profilé est fabriqué à la main. Les bâtons sont courts et recourbés. Des ailerons sont portés derrière les mollets. La combinaison plastifiée est la plus ajustée possible. Enfin, une protection dorsale est indispensable.

La piste, qui peut dépasser un kilomètre de long, se divise en trois zones : la zone d'élan ; la zone de chronométrage (100 m), équipée à l'entrée et à la sortie de cellules qui enregistrent le temps de passage ; une aire de décélération et de freinage. La piste des Arcs (ci-dessus), en Savoie, a un dénivelé de 565 m, soit presque deux tours Eiffel, descendus en 15 secondes !

252,454 km/h, skis aux pieds ! Ce bolide humain, Simone Origone, est italien.

SPEED RIDING ET SNOWKITE

Glisser tantôt sur la neige tantôt dans les airs, filer par-delà les obstacles une voile au-dessus de la tête, s'affranchir des remontées mécaniques, jouer du relief et de la pente : en speed riding comme en snowkite, la montagne a un vrai goût de liberté. Mais ces sports qui semblent très similaires sont pourtant bien différents. L'un dérive du parapente, l'autre s'inspire du cerf-volant. Et quand les adeptes du speed riding montent à pied jusqu'aux sommets, les mordus de snowkite, eux, s'y font tracter par le vent.

Le speed riding

Les adeptes du speed riding s'aventurent là où aucun freerider ne pourrait tracer sa ligne, des barres rocheuses obstruant l'accès ou la sortie. Mais grâce à leur mini-parapente, les speed riders, eux, survolent les obstacles. Ils filent dans les airs en dessinant des arabesques, longent les falaises, effleurent le sol et skient dans une neige parfaitement vierge. Le speed riding est un sport enivrant pour les amoureux d'espaces vertigineux, mais il ne se pratique qu'après une sérieuse formation. Pour débuter, il faut déjà posséder un bon niveau de ski hors piste. Quant aux meilleurs, ce sont des pilotes chevronnés, spécialistes de la voltige en parapente, et des experts en ski de pente raide.

Le speed rider doit être équipé d'un casque, d'un Arva (voir page 20) et d'un harnais ressemblant à une sorte de baudrier d'escalade à bretelles dans lequel on glisse les jambes. Un sac à dos permet de ranger l'aile entre deux runs et de porter les skis, les bâtons télescopiques, ainsi qu'une pelle, une sonde, les crampons et le piolet.

Le skieur peut filer à 50 km/h, voire 100, selon les conditions.

Le snowkite

Il en va du snowkite comme du kitesurf : une planche, une aile reliée à une barre par des lignes, et le vent fait le reste. La différence : l'un se pratique sur la neige et l'autre sur l'eau. Les skieurs ailés choisissent les grands espaces ventés dépourvus d'obstacles (sapins, pylônes, lignes électriques…) comme les hauts plateaux, les cols ou les lacs et mers gelés. Mais gare aux rafales qui s'ajoutent aux turbulences dues au relief : il faut savoir maîtriser sa voile. D'où l'importance de s'initier auprès de moniteurs diplômés. En snowkite, le but n'est pas de s'envoler !

À chacun sa pratique

Pour certains, le snowkite, c'est le plaisir de jouer avec le relief et de monter les pentes à la force du vent pour poser la voile, une fois au sommet… et redescendre en freeride. Pour d'autres, des espaces sont consacrés au snowkite, équipés de rails et de modules divers. Quant aux amateurs de vitesse, qui évoluent sur des terrains plats, ils peuvent se faire plaisir avec des pointes possibles à 70 km/h !

En speed riding, l'ascension peut se faire grâce aux remontées mécaniques, mais aussi skis aux pieds, équipés de peaux de phoque pour adhérer dans les pentes, ou encore skis sur le dos, armés de piolets et de cordes.

La puissance du vent dans la voile permet de faire des sauts de 3 à 4 m de haut. Une multitude de figures sont possibles : 360, backflip, vrille en lâchant la barre… Quand ce n'est pas la voile qui effectue un tour complet !

TOUS À SKIS !

Bien équipé, bien protégé, bien entraîné, bien informé : que l'on soit débutant ou skieur accompli, pour profiter en toute sérénité des joies de la glisse en montagne, il faut respecter certaines règles, adopter une bonne conduite et ne jamais oublier que la piste est à tout le monde ! Et pour la graine de champion qui veut passer professionnel, des séries de compétitions s'annoncent...

Un bon équipement

Il convient de choisir un matériel adapté à son niveau technique, à sa taille et à son poids, de le régler et de l'entretenir régulièrement. Il est indispensable de porter un casque homologué, les protections adaptées à la discipline choisie et un masque pour se protéger des rayons ultraviolets et du vent. Et pour bien commencer la journée, il importe de prendre un copieux petit déjeuner et de s'échauffer.

À chacun sa piste !

Pour que chaque skieur puisse évoluer en toute sécurité, les pistes sont classées selon leur niveau de difficulté. On les reconnaît à la couleur ou à la forme des balises qui les matérialisent, mais les dispositifs diffèrent selon les pays : en France, une balise verte pour les pistes les plus faciles, bleue pour une difficulté moyenne, rouge pour difficile et noire pour les pistes les plus techniques. Concernant les snowparks, la signalisation change également selon les pays, un code couleur ou des lettres indiquant le degré d'habileté nécessaire pour emprunter les parcours et modules.

Progresser sur les planches

La plupart des écoles de ski sont ouvertes aux enfants à partir de 3 ans. En France, par exemple, les piou piou découvrent la glisse sur des tapis roulants, puis poursuivent avec l'ourson, le flocon, les 1re, 2e, 3e étoiles, l'étoile de bronze et l'étoile d'or. En Suisse, leur niveau est validé par l'obtention de princes, rois et stars. Au fil des étapes, le skieur passe du stade de l'apprenti, qui maîtrise sa vitesse et son équilibre, à celui de la graine de champion, capable de reproduire tous les gestes techniques. Une fois un certain niveau de compétences acquis en ski alpin, il peut évoluer sur les parcours de skicross et sur les half-pipes.

Attention, danger !

Heures d'ouverture et de fermeture des remontées mécaniques, conditions météorologiques, risques d'avalanche, dangers signalés sur les pistes (croisement, piste fermée, passage de piétons, ravin) : toute information doit toujours être prise avec un grand sérieux.

Glisser dans la poudreuse loin de la foule, c'est le vrai plaisir des amateurs de hors-piste. Mais attention : pas n'importe où, n'importe quand et n'importe comment. Et jamais seul !

Petit code de bonne conduite

Sur la piste, la règle d'or, c'est le respect de l'autre. Le skieur doit maîtriser sa vitesse, laisser la priorité à celui qui est en dessous, garder ses distances quand il double, s'assurer qu'il ne gêne personne au départ ou à un croisement, éviter de stationner au milieu de la piste, la libérer rapidement en cas de chute, emprunter le bord de la piste s'il doit la remonter ou la descendre à pied, s'informer de la météo et respecter le balisage de la piste avant de se lancer. Et en cas d'accident, il doit donner l'alerte et rester à la disposition des secouristes.

Le ski pour tous

Seules ou accompagnées d'un skieur pilote, les personnes dont la motricité est limitée peuvent pleinement apprécier les sensations de glisse en s'initiant aux Kartski, Uniski, Dualski... Celles qui sont malvoyantes, ou non voyantes, se font accompagner d'un guide.

Parcours d'excellence

La carrière d'un sportif de haut niveau se joue très tôt. Aussi existe-t-il des collèges et lycées qui facilitent la pratique intensive du ski. Les horaires sont aménagés pour laisser du temps libre aux entraînements. Quant aux cours généraux, ils sont dispensés l'été afin que les jeunes sportifs puissent participer aux compétitions hivernales. Ce dispositif offre un suivi à la fois scolaire, sportif et médical.

Vers les grandes compétitions...

En ski alpin, les jeunes champions de 14 ou 15 ans peuvent participer aux épreuves régionales, puis accéder aux épreuves nationales, pour aborder le circuit international à 17 ans. Mais pour briller dans les grandes compétitions internationales, il faut souvent attendre l'âge de 25 ans. Cependant quelle que soit la discipline, pour atteindre la perfection et soutenir le rythme d'une saison de compétitions aux quatre coins du monde, l'athlète de haut niveau doit consacrer 100 % de son temps à son sport en hiver et une grande partie de sa vie les mois restants.

GRANDES COMPÉTITIONS

Sur la planète ski, les rendez-vous ne manquent pas, outre les très prestigieux jeux Olympiques. Qu'ils soient fondeurs, sauteurs, bosseurs, freestylers, snowkiters, freeriders, tous ont leurs compétitions en forme de Championnats du monde, lesquelles attirent plus que jamais les amateurs de grand spectacle. Car les exploits et les records se succèdent quelles que soient les disciplines. Plus haut, plus vite et toujours plus impressionnants, les champions ne cessent de se dépasser et nous en mettent plein les yeux à force de persévérance.

Les Winter X Games

Rendez-vous incontournable des ténors de ski freestyle, la version hiver des X Games est née en 1997 à Aspen, dans le Colorado (USA). Elle comprend une vingtaine de disciplines en tout, skicross, slopestyle, superpipe, big air, etc. En 2010, la compétition à succès s'est exportée en Europe, où la station française de Tignes a reçu les épreuves sur neige. En 2013, la réussite était exceptionnelle, avec 117 000 spectateurs et une retransmission télévisée dans 198 pays.

Le Freeride World Tour

Depuis 2008, les meilleurs riders concourent pour le titre de champion du monde sur les plus belles faces de la planète. 50 épreuves de qualifications organisées à travers le monde permettent aux riders de plus de 18 ans de gagner des points pour participer ensuite au Freeride World Tour. Au final, ce sont quelque 60 hommes et femmes, skieurs ou snowboarders, qui sont sélectionnés pour cet événement hors normes qui se déroule en cinq ou six étapes selon les années. Seule une trentaine d'entre eux atteignent la finale qui se tient en Suisse, au bec des Rosses.

Les jeux Olympiques d'hiver

L'or aux jeux Olympiques, c'est le rêve de tous les athlètes. Ski de fond, combiné nordique et saut à ski sont au programme lors de la première édition, qui se tient à Chamonix, en France, en 1924, auxquels s'ajoute le ski alpin en 1936. Interrompus par la Seconde Guerre mondiale, les Jeux reprennent dès 1948 à raison d'une compétition tous les quatre ans, chaque fois dans un pays hôte différent. De nouvelles épreuves s'ajoutent régulièrement, tandis que la manifestation s'universalise, avec 16 pays représentés en 1924 pour 90 à Sotchi, en 2014, année où les femmes ont enfin le droit de concourir en saut à ski !

Le globe de cristal

Cette récompense revient aux skieurs ayant accumulé le plus de points, course après course, au fil de la saison de la Coupe du monde. Le gros globe de cristal est attribué au gagnant et à la gagnante du classement général ; le petit globe, aux vainqueurs des classements par épreuves.

La Vasaloppet

Course de ski de fond mythique, elle fait partie d'une série d'épreuves longue distance qui se déroulent dans 14 pays. Avec ses 90 km, la manifestation suédoise est la plus longue de toutes. Au départ, 15 800 skieurs s'élancent en vagues successives. Et c'est parti pour un maximum de 12 heures de ski en style classique. Pour tenir, eau, boissons énergisantes, soupe de myrtilles, bouillons, petits pains… sont distribués en différents points qui jalonnent le parcours.

Depuis 2012, le record est détenu par le Suédois Jörgen Brink, qui a bouclé le parcours en 3 heures 38 minutes et 41 secondes !

TABLE DES MATIÈRES

MDS : 661079
ISBN : 978-2-215-14209-6

Dépôt légal à la date de parution.
Conforme à la loi n° 49-956 du 16 juillet 1949
sur les publications destinées à la jeunesse.
Imprimé en Italie (09/14).

FLEURUS